Meditation

für Anfänger

Der ultimative Ratgeber für mehr Achtsamkeit, Energie und Balance im Alltag

Michael J. Benning

Inhaltsverzeichnis

Meditation

Der faszinierende Weg zur Lebensfreude

Tipps und Informationen für Anfänger

Das Leben im 21. Jahrhundert ist von Turbulenzen und permanen-tem Stress geprägt. Das kann zu dauerhafter Anspannung und gesundheitlichen Problemen führen. Auf der Suche nach einem Ausgleich entdecken viele Menschen die Meditation. Sie ist eine hervorragende Methode zur Entspannung und zum Schöpfen neuer Energie. Doch Meditation ist noch mehr als das. Sie ermöglicht einen einfachen Zugang zum eigenen Wesen und zu einem tiefen Verständnis des Seins. Dabei kann jeder selbst entscheiden, zu welchem Zweck er sich auf das Meditieren einlässt, denn über ihre einst rein spirituelle Tradition ist die Meditation längst hinaus-gewachsen.

Was ist Meditation?

Wer den Begriff Meditation hört, mag zunächst an fernöstliche Yogis in raffiniert verknoteten Körperpositionen denken, an Weisheitslehrer mit mildem Blick oder an geheime Rituale spiritueller Eliten. Diese Vorstellungen treten nicht grundlos auf, denn tatsächlich beruht die Meditation auf einer spirituellen Basis. Schon vor Jahrtausenden wurde erkannt, dass das Dasein nicht nur aus einem mehr oder weniger strapaziösem Alltag besteht, den man irgendwie meistern muss – sondern dass gerade die äußeren Anforderungen und die damit verbundenen Gedanken und Gefühle den Blick auf das Wesentliche trüben.

Doch was ist das Wesentliche und woraus besteht das Sein? Das kann nicht wirklich erklärt, sondern nur erfahren werden. Dazu bietet die Meditation einen Zugang, der sehr einfach klingt: Man setzt sich hin, tut nichts und lässt die Gedanken zur Ruhe kommen. Rasch stellt sich heraus, dass das, was einfach klingt, gar nicht so einfach ist. Die Gedanken flitzen wie wilde Äffchen durch den Kopf und lassen sich einfach nicht bändigen. Wie sollte man sich da entspannen? Oder gar einen meditativen Zustand erreichen? Schon jetzt wird klar, dass es dazu eine Technik braucht und genau die findet sich mit der Meditation. Der Begriff Meditation steht einerseits für den meditativen Zustand selbst und andererseits für die Methode, um in diesen Zustand zu gelangen. Dabei gibt es nicht nur eine Technik, sondern etliche.

Diese Vielfalt ermöglicht jedem, den für sich passenden Zugang zur Gedankenruhe, Entspannung und tiefen Erkenntnissen zu finden. Eines haben alle Methoden gemeinsam: Sie beruhen auf der Erkenntnis, dass die Aufmerksamkeit eine wesentliche Rolle bei sämtlichen Vorgängen spielt.

Wer sich auf die vielen im Geist turnenden Äffchen konzentriert, der gibt ihnen Futter und lässt sie noch wilder tanzen. Lenkt man die Aufmerksamkeit auf etwas anderes, etwa auf den Atem, so finden die Äffchen das ziemlich frustrierend und ziehen sich alsbald zurück. So zumindest die Theorie. In der Praxis wird ein Geist, in dem jahre- und jahrzehntelang die Gedanken ungezügelt umherrasen durften, nicht so rasch damit einverstanden sein, dass sich daran etwas ändern soll. Mithilfe der Meditation gelingt es trotzdem – das und noch viel mehr. Denn mit der Schulung der Aufmerksamkeit gehen viele andere Faktoren einher.

Durch regelmäßiges Meditieren kultivierst Du Achtsamkeit, bewusstes Handeln und Sein, Harmonie, Empathie und Verständnis. Du verbindest Dich mit Deiner eigenen Quelle der Freude, die immer zugänglich ist und erhöhst Deine Lebensfreude damit enorm.

Welchen Sinn hat Meditation heute?

Es gibt viele Gründe, mit dem Meditieren zu beginnen, denn die Auswirkungen sind in vielerlei Hinsicht positiv. Meditation hilft bei Stress und Erschöpfung, den typischen Begleiterscheinungen des heutigen Alltags. Meditation hilft, Gefühle der Traurigkeit oder Sinnlosigkeit durch innere Zufriedenheit, Heiterkeit und Lebenslust zu ersetzen. Meditation beruhigt, entspannt und stabilisiert. Und Meditation ist geeignet, um den eigenen Geist und das Wesen des Seins näher zu erforschen. Gleichzeitig stellt sich eine Verbesserung der Gesundheit ein, was in etlichen Studien nachgewiesen wurde. Längst hat die Medizin erkannt, dass körperliche Vorgänge unmöglich getrennt vom seelisch-geistigen Zustand betrachtet werden können und dass sich sämtliche Faktoren gegenseitig beeinflussen.

Die wohltuenden Auswirkungen der Meditation gehen mit gesundheitlichen Verbesserungen einher, was oft schon bei der ersten Sitzung zu spüren ist. Durch die entspannte Ruhe pendeln sich Herzfrequenz, Blutdruck und der muskuläre Zustand auf einem angenehmen Level ein – psychische und physische Wechselwirkungen werden unmittelbar spürbar. Dies vertieft sich im Laufe des Praktizierens. Meditation bedeutet allerdings nicht nur Entspannung und mehr Wohlbefinden. Gleichzeitig bietet sie Gelegenheit, eigene Muster zu durchschauen, die das Leben bisher schwer gemacht haben und sie durch mühelose Achtsamkeit und eine gelassene Grundhaltung zu ersetzen. All dies geschieht nicht durch strikte Anweisungen, sondern durch eigene Erfahrung – wenngleich es Techniken gibt, bei denen konsequente Disziplin (etwa das Achten auf die korrekte Körperhaltung) das Geschehen unterstützt. Jeder kann selbst ausprobieren, mit welcher Methode er sich am wohlsten fühlt.

Ebenso steht es völlig frei, ob und welches Gewicht auf die spirituelle Seite der Meditation gelegt wird. Manche Menschen können damit zunächst nichts anfangen und beginnen aufgrund der anderen positiven Effekte mit dem Meditieren.

Oft wird im Laufe des Praktizierens erkannt, dass sie eine falsche Vorstellung vom spirituellen Aspekt hatten und dass die neuerdings empfundene tiefe Freude eben doch damit zu tun hat – das ist individuell verschieden und derartige Entwicklungen nehmen ohnehin ihren natürlichen Lauf, sodass sie nicht im Vorfeld gedanklich abgearbeitet werden müssen.

Da das Meditieren heute nicht mehr vorrangig mit der Vorstellung verknüpft ist, man müsse sich dabei einem zur Askese mahnenden Meister unterwerfen und stundenlang Mantras rezitieren, finden immer mehr Menschen unkomplizierten Zugang zur Meditation. Das ist sehr erfreulich, denn eines ist bei der Meditation ganz sicher: sie funktioniert – und das auf vielen Ebenen!

Grundregeln der Meditation

Tipps für Einsteiger

Wie bei vielen Dingen gilt auch in der Meditation: Aller Anfang ist schwer. Oder zumindest nicht ganz leicht! Damit einem der Geduldsfaden mit sich selbst nicht reißt, gibt es einige hilfreiche Tipps, die den Einstieg erleichtern. Damit kann man einem verfrühten Absprung vorbeugen – etwa, weil man den eigenen Erwartungen nicht gleich gerecht wird oder das Sitzen als langweilig und öde empfindet. Denn in der Meditation sind rasche Erfolge nicht unbedingt an der Tagesordnung (auch wenn sie nicht ausgeschlossen sind!). Wenn einem das klar ist, baut man erst gar keine Erwartungshaltung auf, sondern geht die ersten Versuche spielerisch an. Dabei hilft es, die äußeren Umstände so angenehm wie möglich zu gestalten.

Der Meditationsort

Am besten überlegst Du zunächst, an welchem Plätzchen Du künftig regelmäßig meditieren möchtest. Es sollte ruhig und angenehm für Dich sein. Diesen Ort kannst Du schön ausstatten – mit einem oder mehreren Kissen oder einem bequemen Stuhl und, wenn Du möchtest, mit ansprechenden Accessoires. Die einen mögen das Plätschern eines Zimmerbrunnens, andere umgeben sich gerne mit Pflanzen, Mineralien oder schönen Bildern und wieder anderen liegt ein minimalistisches Umfeld. Du kannst an Deinem Meditationsort auch einen Altar einrichten, ihn kreativ ausstatten und immer mal wieder verändern oder erweitern. Dazu genügt ein kleiner Tisch oder Schrank, den Du mit einem Tuch bedeckst und die Objekte darauf arrangierst. Gehe nach Deinem eigenen Geschmack und höre auf Deinen Instinkt, schließlich ist das ein Ort für Treffen mit Dir selbst und nicht mit irgendjemandes Vorstellung von einem perfekten Meditationsort. Gestalte ihn so, dass Du Dich dort wohl und geborgen fühlst. Umso lieber wirst Du ihn regelmäßig aufsuchen; schon das wird dafür sorgen, dass Deine Meditationen angenehm und bereichernd für Dich sind und dass eine angenehme Stimmung auftaucht, sobald Du an Deinen Meditationsort denkst und ihn aufsuchst.

Bitte nicht stören!

In jedem Fall ist es hilfreich, dafür zu sorgen, dass Du an diesem Plätzchen ungestört bist. Das Handy am besten auf lautlos schalten und die Türklingel möglichst auch. Falls noch andere Personen in der Wohnung oder im Haus leben, dann gib ihnen Bescheid, dass Du nicht gestört werden möchtest. In diesem Zusammenhang wird auch klar, dass eine gewisse Regelmäßigkeit vorteilhaft ist. Wenn Deine Mitbewohner wissen, dass Du morgens in einem bestimmten Zeitraum (oder auch morgens und abends) keine Störungen wünschst, dann ist das leichter umzusetzen als dauernd wechselnde Zeiten. Dir selbst helfen feste »Termine«, eine gewisse Disziplin einzuüben. Schon bald wirst Du Dich auf diese Zeiten freuen. Bei der Auswahl des Ortes ist auch der Blickwinkel wichtig. Beim Meditieren auf einen Schreibtisch zu schauen, der mit Bergen von Papieren bedeckt ist, fördert nicht unbedingt die Entspannung, sondern wirkt störend. Aus verständlichen Gründen ist ein Platz im Flur ebenso wenig geeignet, um zu sich selbst zu kommen – zumindest dann, wenn er von anderen Leuten durchquert wird. Zudem gibt es in Fluren oftmals keine Fenster, doch ein angenehmes und natürliches Licht kann zum Meditieren hilfreich sein. Pralle Sonne dagegen ist es nicht. Vielleicht stellst Du erst nach ein paar Sitzungen Umstände fest, die sich störend auf das Praktizieren auswirken und korrigierst sie. Es ist wichtig, dass Du auf Dauer ein Plätzchen zum Meditieren hast, das so gut wie möglich nicht von außen gestört wird.

Die Meditationsdauer

Wie lange solltest Du meditieren? Auch das entscheidest Du selbst. Zu Beginn haben viele Menschen Schwierigkeiten, überhaupt stillzusitzen. An der Schulter juckt es, durch den Rücken huscht ein kleiner Schmerz und vielleicht kribbelt bald noch das linke Bein. Das sind kleine Tricks Deines Geistes, denn dieses ungewohnte Stillsitzen kann er im Moment noch gar nicht leiden. (Gibt es denn wirklich nichts zu tun?) In solchen Fällen ist es vorteilhaft, anfangs nur einen kleinen Zeitraum zum Meditieren zu planen – fünf Minuten beispielsweise. Das klingt nach wenig und ist es auch, doch wer die Stille noch nicht gewöhnt ist, für den können sich selbst diese Minuten in die Länge ziehen. Keine Sorge, das ändert sich rasch. Entsprechend kannst Du die Zeiten dann ausdehnen. Sobald Dein Geist begriffen hat, dass Dein Entschluss feststeht, gibt er viel eher Ruhe und plagt Dich nicht mehr mit körperlichem Zwicken und Zwacken. Dann fühlen sich auch längere Einheiten nicht wie eine Pflicht an, sondern wie ein Genuss. Deshalb meditieren viele Menschen sogar mehrmals täglich. Manche schwören auf eine erste Sitzung gleich am frühen Morgen. Wann immer Dir danach ist und wann immer Du es einrichten kannst: Tu es!

Die Meditationshaltung

Sollten durch das ungewohnte Sitzen anfangs körperliche Schwierigkeiten auftreten, dann versuch es mit sanften Dehn- und Lockerungsübungen im Vorfeld. Denn nicht jede unangenehme Körperempfindung schickt Dir der unruhige Geist – manche Störungen sind tatsächlich körperlichen Ursprungs. Der Sonnengruß beispielsweise ist eine Übungsabfolge, die flexibler macht, die Muskulatur lockert und zugleich trainiert. Anleitungen dazu findest Du auf Videos im Internet, in Büchern oder in Yoga-Kursen vor Ort. Beim Sitzen selbst ist es wichtig, dass Du Dich nicht zu unangenehmen Haltungen zwingst. Zwar ist der Lotus-Sitz zum Meditieren traditionell – doch deshalb ist er noch lange nicht verbindlich. Ebenso kannst Du den halben Lotus-Sitz einnehmen (bei dem nur ein Fuß auf dem anderen Oberschenkel ruht und nicht beide) oder komplett darauf verzichten und Dich auf einen Hocker oder Stuhl setzen. Wichtig ist nur, dass der Rücken einigermaßen aufrecht und gerade ist, sodass Du konzentriert und präsent bleibst. Die Unterstützung durch eine Rückenlehne kann (muss aber nicht) so ungewollt bequem sein, dass Du bei der Meditation einschläfst. Solch ein kleines Nickerchen ist zwar auch erfrischend, aber nicht unbedingt das, was Du in diesem Fall vorhattest, stimmt's? Probiere am besten aus, welche Sitzhaltung bei Dir am besten funktioniert. Übrigens meditieren manche Menschen auch im Liegen, ohne dabei einzuschlafen! Selbst diese Haltung ist also keinesfalls ausgeschlossen. Experimentieren macht Spaß!

Varianten der Meditation ausprobieren

Ohne Experimentieren wird es am Anfang kaum gehen, denn nicht alles funktioniert bei jedem. Probieren geht also auch hier über studieren. Es wäre schade, wenn Du vorzeitig vom Meditieren abspringen würdest, nur weil ein Detail nicht gepasst hat und Du deshalb meinst, die Meditation sei grundsätzlich nichts für Dich. Das ist äußerst selten der Fall. Meditieren ist nichts wirklich Neues oder gar Exotisches, sondern ein natürlicher Zustand, der im Lauf der Zeit vergessen und von anderen Dingen überlagert wurde. Das Wiederentdecken dieses Zustands kommt dem Heimkommen zur (eigenen) Natur gleich, deshalb fühlt es sich nach kleinen Startschwierigkeiten auch sehr friedlich und stimmig an. Aus diesem Grund wirst Du Deine Meditation nach kurzer Zeit auch nicht mehr als etwas Abstraktes sehen, etwa wie eine Aufgabe, die zu erledigen ist und die Du dann bis zur nächsten Runde abhakst. Doch zunächst muss die für Dich passende Form gefunden werden. Sie kann sich später immer mal wieder ändern und auf Dauer brauchst Du vermutlich gar keine bestimmten Umstände mehr, um in einen meditativen Zustand zu kommen – im Moment jedoch schon. Probiere aus, ob Du die Augen lieber geschlossen, offen oder halb offen hältst. Bei vielen Menschen funktionieren halb geschlossene Augen am besten. Dabei kannst Du ein Objekt wie eine Kerze, eine Pflanze, sprudelndes Wasser oder einfach einen bestimmten Punkt anschauen. Andere halten die Augen lieber ganz geschlossen und lauschen einem Mantra, andere ziehen die völlige Geräuschlosigkeit vor. Vielleicht liegt Dir das passive Meditieren auch gar nicht, dann ist eine aktive Meditationstechnik sicher geeigneter (dazu mehr in einem späteren Kapitel), zumindest am Anfang. Oder findest Du es schwierig, in Innen-räumen zur Ruhe zu kommen? Dann könntest Du ein ruhiges Plätzchen in der Natur suchen und dort praktizieren. Vielleicht wäre in diesem Fall sogar die Geh-Meditation das Richtige für Dich. Es kann auch sein, dass Dir das Meditieren ganz für Dich allein anfangs nicht sonderlich behagt. Dann kannst Du Dich einer Gruppe anschließen und in Gesellschaft meditieren. Falls es Dich sehr große Überwindung kostet, Dich auf Deinen Atem zu konzentrieren, dann wähle doch eine Technik, bei der er nicht im Mittelpunkt steht. Oder zähle statt der Atemzüge einfach das Tick-Tack einer Uhr. Du siehst schon, es gibt etliche Wege, um die Art und Weise des Meditierens zu finden, mit der Du Dich wirklich wohl fühlst. Ein wenig »Einarbeitung« wird es trotzdem benötigen, bis Du Dich auf die zunächst ungewohnte Stille einlassen kannst. Deshalb ist es auch wichtig, dass Du die kleinen Widerstände Deines Geistes nicht falsch interpretierst und bei jeder Störung nach einer neuen Variante suchst – im Trugschluss, es läge an der Methode und nicht an Deinem aufmüpfigen Geist, der einfach keine Ruhe geben will.

Gewisse Anfangsschwierigkeiten sind einfach normal. Gegen sie muss (und soll) nicht einmal gekämpft werden. Es genügt, sie wahrzunehmen, anzuerkennen und ihnen dann keine größere Beachtung mehr zu schenken. So nehmen sie auf natürliche Weise ab und schauen nur noch gelegentlich vorbei. Stattdessen wird sich Deine meditative Haltung zunehmend im Alltag niederschlagen. Bislang vermeintlich banale, oft unbemerkte Dinge, werden wahr-genommen. Das Essen wird nicht mehr eingeschaufelt, ohne dass Du dabei bist. Eine über den Weg hüpfende Krähe findet Aufmerksamkeit. Achtsamkeit und die Wahrnehmung des jetzigen Moments werden mehr und mehr zur Selbstverständlichkeit und das Leben wird um unzählige Facetten reicher. Dafür lohnt es sich ganz gewiss, zu Beginn etwas geduldig zu sein!

Was sollte man als Anfänger in der Meditation vermeiden?

Wer zu meditieren beginnt, verfolgt damit üblicherweise eine bestimmte Absicht. Mehr Entspannung, mehr Gelassenheit, mehr innere Ruhe. Mehr Kraft, sich auf das Wesentliche zu konzentrieren und es vom Unwesentlichen unterscheiden zu können. Mehr Energie und insgesamt einen weiteren Blick. Manche Menschen haben auch, ganz klassisch, einen spirituell-philosophischen Antrieb, weil sie irgendwann über die Frage »Wer bin ich?« gestolpert sind und noch auf der Suche nach der Antwort sind. Andere möchten sich einfach wohler fühlen und gesünder werden, weil sie bemerkt haben, dass vor allem die innere Hektik Leiden verursacht. Sie möchten die Kontrolle über ihren Geist gewinnen, anstatt sich von ihm ohne Unterlass jagen zu lassen. All das sind sehr kluge Gründe, mit dem Meditieren zu beginnen und es gibt mit Sicherheit noch einige mehr – manche Menschen probieren die Meditation sogar aus purer Neugierde aus. Egal, welchen Antrieb Du hast, in die Meditation einzusteigen: Im Laufe der Zeit stellen sich Verbesserungen und Erfolge ein. Manche Schwierigkeiten lösen sich gar »in Luft« auf – und das auf völlig natürliche und selbstverständliche Art und Weise, denn oft genügt eine andere Haltung oder Perspektive, um zu erkennen, dass die Schwierigkeiten hausgemacht waren. Das sind keine leeren Versprechungen oder Floskeln, sondern Fakten. Es sind ganz realistische, millionenfach bestätigte Erfahrungen aus der Meditationspraxis. Zu Beginn gibt es allerdings ein paar Dinge, die man vermeiden sollte, denn sie können dazu führen, dass man vom Meditieren abspringt, ohne die Vorteile erkannt und gespürt zu haben.

Druck und Erwartung

Du solltest es bitte vermeiden, Dich unter Druck zu setzen und sehr rasche Ergebnisse zu erwarten. Das kann auch unbewusst geschehen und wirkt sich auf das Meditieren aus: Wenn Du dann feststellst, dass Dir der Geist permanent dazwischenfunkt, tauchen Gefühle wie Ärger, Frust oder Ungeduld auf, weil Du Deinen Erwartungen nicht gerecht wirst. Genau das hindert Dich wiederum am Loslassen (und Lockerlassen) und Du beginnst, Dich im Kreis zudrehen. Sollte das der Fall sein, dann ist es ratsam, Dich nicht über diese Gefühle zu ärgern, sondern anzuerkennen, dass sie vorhanden sind und dann wieder zum Hauptprogramm zurückzukehren. Es werden ohnehin immer wieder die verschie-densten Gedanken auftauchen. Wenn Dir auffällt, dass Du im Geiste gerade die Einkaufsliste fürs Abendessen erstellst oder Deinem Chef die Meinung geigst, dann ist das kein Grund, am Meditieren zu zweifeln oder gar empört aufzuspringen und das Experiment für beendet zu erklären. Nein, diese Gedanken- und Emotionseinschübe sind völlig normal. Immerhin ist es der Geist seit Jahrzehnten gewohnt, permanent hin- und herzuhüpfen wie ein agiles Äffchen. Ausschlaggebend für die Meditationspraxis ist nur, wie Du damit umgehst. Schau Dir die Dinge an, die auftauchen, und kehre dann zurück zum Atem. Das ist die Übung: Dich nicht aus der Ruhe bringen zu lassen und nicht auf alle Angebote Deines Geistes anzuspringen. Später – oder zu einem Zeitpunkt, der Dir dafür angemessen erscheint – kannst Du besonders hartnäckig auftauchende Emotionen auch benennen, beobachten und integrieren.

Sehr starke Gedanken und Gefühle möchten nicht verdrängt, verleugnet oder als negativ und störend eingestuft werden, denn gerade diese Reaktionen verstärken sie und vergrößern ihre Macht über Dich und Dein Verhalten. Werden sie jedoch angeschaut und akzeptiert, so haben sie keinen Grund mehr, mit Nachdruck Deine Aufmerksamkeit erhaschen zu wollen.

Im »fortgeschrittenen« Zustand kannst Du die hartnäckigen Elemente auch in einer gelassen-interessierten Haltung untersuchen und ihrem Ursprung auf den Grund gehen. Denn grundlos tauchen sie ja nicht auf. Sollte der gelassene Umgang mit auftauchenden Gedanken und Gefühlen nicht gleich gelingen, so ist auch das kein Grund, am Meditieren zu zweifeln. Und falls doch Gefühle wie Zweifel oder Ärger über Dein vermeintliches Versagen auftauchen, dann kannst Du genau diese Erscheinungen nehmen, um mit ihnen zu üben – dann schaust Du Dir dieses Gefühl der Verärgerung oder Ungeduld an und kehrst anschließend zurück zu Deiner Praxis. Nimm die Störungen so an die Hand, wie eine liebevolle Mutter ihren Sprössling beruhigt: liebevoll, wertschätzend und doch gelassen, aber nicht überbesorgt.

Bewertung von »Erfolgen« oder »Misserfolgen«

Eine der größten Herausforderungen für Anfänger des Meditierens liegt in der Bewertung. Bei genauer Beobachtung wirst Du feststellen, dass der allergrößte Teil eventuell auftauchender Zweifel, ob Meditation das Richtige für Dich ist, auf Bewertungen zurückzuführen ist. Damit umzugehen ist wirklich eine Kunst, denn bei den Bewertungen handelt es sich um eine besonders liebgewonnene Angewohnheit des Geistes. Das Essen ist zu kalt oder zu heiß; den Montag mag ich gar nicht; ich hasse diese Langeweile oder, je nach Umständen, diesen Stress; wäre ich doch schon im Urlaub anstatt hier; mein Partner schaut so komisch, der hat bestimmt eine Affäre und überhaupt, das Wetter passt mir heute gar nicht … Genau wie im Alltag besteht auch beim Meditieren die Neigung, auf alle Erfahrungen ein Etikett zu kleben und es damit als wenig aussichtsreich, öde oder ungeeignet einzustufen. Oder, im Gegenteil, als ganz besonders herausragend, schillernd, gar olympiareif. Darauf nicht hereinzufallen, das ist eine große Herausforderung beim Meditieren. Und sie wird garantiert nicht nur einmal auftauchen! Je öfter Du diese Sache »bewältigst«, desto selbstverständlicher wird Dir allerdings das Meditieren. Je mehr Ruhe Du Dir selbst schaffst, desto erfreulicher wird die Praxis für Dich. Die Entdeckung, dass man vermeintliche Störfaktoren wie »negative« Gedanken und Gefühle annehmen und im Bewusstsein halten kann, anstatt sie weg haben zu wollen, ist ein großer Fortschritt. Dass ein erfolgter Lichtblick nicht die Erleuchtung und das Ende Deiner Praxis bedeutet, ebenso. Dieses Übungsfeld wird ganz von selbst immer wieder aufgerollt.

Fehlende Regelmäßigkeit

Zu Beginn Deiner Meditationspraxis ist es womöglich nicht sehr empfehlenswert, mit einem bereits anwesenden, starken Grundgefühl des Ärgers, der Traurigkeit oder der Wut eine Meditationssitzung durchzuführen – später jedoch wird gerade das reizvoll sein. Später wird Dich nichts davon abhalten, Dir jetzt »Deine« Zeit zu nehmen. Wann dieser Zeitpunkt da ist, bemerkst Du selbst. Dann wird es Dich nämlich zu Deinem Meditationsort ziehen, egal, welche Stürme sich gerade in Dir austoben. Gleichzeitig ist es nicht in Stein gemeißelt, dass Du als Anfänger in bestimmten Stimmungslagen besser nicht meditieren solltest. Das ist nur ein Hinweis in der Art einer Vorsichtsmaßnahme, denn es gibt durchaus psychische Turbulenzen, bei denen man vom Meditieren vorübergehend Abstand nehmen kann oder sollte. Wer davon betroffen ist, der weiß das gemeinhin selbst und sollte sich bestenfalls mit einem Arzt seines Vertrauens austauschen. Wer dagegen keine ernsthaften psychischen Beschwerden hat, lässt sich durch eine vorübergehende Stimmungsschwankung sicher nicht vom Meditieren abhalten. Was in diesem Moment richtig ist, spürt man selbst am besten. Schade wäre es, eine vorhandene Stimmung allzu weitläufig als »Ausrede« zu interpretieren und damit die Regelmäßigkeit der Meditationspraxis zu durchbrechen. Gerade beim Einstieg ins Meditieren sollte die Bedeutung der Regelmäßigkeit nicht unterschätzt werden. Sie führt dazu, dass sich das Meditieren in Deinem Leben verankert und nach einer gewissen Zeit überhaupt nicht mehr in Frage gestellt wird. Das ist schon deshalb von Vorteil, weil man dann eine Baustelle weniger hat – Meditieren ist Teil Deines Lebens geworden und darüber muss nicht mehr nachgedacht werden.

Übereifer

Ebenso wie der Zweifel, ob man beim Meditieren bleiben sollte oder nicht, kann das Gegenteil auftauchen, nämlich ein gewisser Übereifer. Wenn vor lauter Begeisterung ein Sitzungs-Marathon den nächsten jagt und das sonstige Leben vernachlässigt wird, so kann das letztlich umschlagen und man hat genug von der Sache. Auch das wäre äußerst schade! Deshalb ist Maßhalten das Gebot der Stunde. Ebenso wenig wie Du untertreiben solltest, ist exzessives Meditieren empfehlenswert. Es klingt vielleicht abgeschmackt, doch Rom wurde auch nicht an einem Tag erbaut. Beim Meditieren ist es nicht anders. Es gibt keine Abkürzung zu den »gewünschten« Ergebnissen. Deshalb ist ein erwartungsfreies Herangehen empfehlenswert – damit kommst Du nicht in Versuchung, etwas beschleunigen zu wollen, das gar nicht beschleunigt werden kann und Dir damit selbst ein Bein zu stellen. Halte die empfohlenen Zeiten von fünf Minuten (ein- oder zweimal täglich) ein und steigere sie in dem für Dich angenehmen Rhythmus bis auf eine halbe oder ganze Stunde, aber übertreibe anfangs bitte nicht.

Formen der Meditation

Es gibt eine Unmenge verschiedener Meditationstechniken. Ganz grob können sie in aktive und passive Meditationsarten eingeteilt werden, wobei es oftmals Überschneidungen gibt – und auch ganz andere Methoden, um Meditationen einzuteilen. Oft sympathisiert man schon von der Beschreibung her mit der einen oder anderen Technik, während andere Formen als weniger attraktiv empfunden werden. Im Zweifelsfall einfach in die verschiedenen Methoden hineinschnuppern! Das muss nicht in Eigenregie passieren – viele Yogaschulen und andere Einrichtungen bieten Probestunden für verschiedene Meditationstechniken an.

Passive Meditationsmethoden

Zazen

Als Zazen wird eine Sitzmeditation des Zen-Buddhismus bezeichnet. Wie bei anderen Techniken auch, geht es um die Beruhigung des Geistes mit sehr starkem Schwerpunkt auf die Achtsamkeit. Anders als bei manch anderen Methoden wird im Zazen kein bestimmtes Ziel angepeilt. Vielmehr ist nach allgemeiner Definition das »Ziel« in dem Moment erreicht, in dem der Übende die Meditationshaltung korrekt eingenommen hat und die Prinzipien der Meditation einhält. Dabei wird großer Wert auf eine sehr aufrechte Haltung gelegt. Sie wird durch den Lotussitz, den halben Lotussitz, die Burmesische Haltung oder den Fersensitz unterstützt. Beim **Vollen Lotussitz** (auch Lotossitz) setzt man sich auf ein Kissen und legt den linken Fuß auf den rechten Oberschenkel. Der rechte Fuß wird darüber gekreuzt und ruht auf dem linken Oberschenkel. Diese Haltung ist sehr stabil, erfordert allerdings eine gute Gelenkigkeit. Selbst wenn sie vorhanden ist, sind einige Dehnübungen empfehlenswert, bevor die Position eingenommen wird. Der **Halbe Lotussitz** ist einfacher: Hier wird nur ein Fuß auf den gegenseitigen Oberschenkel gelegt, der andere bleibt in angezogener Haltung unter dem gegenüberliegenden Oberschenkel auf dem Boden. Die **Burmesische Haltung** ist in Südostasien und auch in Europa weit verbreitet. Hier sitzt man einfach mit gekreuzten Beinen und aufrechtem Rücken. Der Sitz ist zwar weniger stabil als der Lotussitz, für Anfänger und bei gesundheitlichen Problemen jedoch sehr viel angenehmer als der Lotussitz. Beim **Fersensitz (Seiza)** wird auf einem Kissen gekniet, während das Gesäß auf den Fersen oder auf einer kleinen Bank ruht. Auf die Seiza-Bank legt man am besten ein Kissen, um nicht direkt auf dem Holz zu sitzen, denn dadurch würden leicht diverse Körperteile einschlafen. Schon von der Beschreibung her kann man sich vorstellen, dass diese Position die Knie stark belastet und bei Problemen in diesem Bereich besser nicht eingenommen werden sollte.

Was passiert nach der Einnahme der Position im Zazen? Es wird alles beobachtet, was erscheint. Der Atem, die Gedanken, die Körperempfindungen – sämtliche Regungen werden achtsam wahrgenommen. Durch diese absolute Konzentration wird das automatische geistige Geplapper unterbrochen und verschwindet manchmal komplett. Zazen ist vor allem für Anfänger eine echte Herausforderung, denn die gleichzeitige, sehr starke Konzentration auf die korrekte Körperposition und auf die geistigen Vorgänge und Empfindungen erfordert eine enorme Disziplin. Trotzdem sollen eventuell auftretende Schmerzen oder unangenehme Gefühle nicht bewertet oder groß beachtet, sondern einfach nur wahrgenommen werden. Das absichtslose Meditieren bei körperlich akkuratem Sitzen im Zazen unterstützt die Absichts-losigkeit, mit der Gedanken, Gefühle, Vorstellungen und andere Erscheinungen aus dem Unbewussten auftauchen. Alles, was auftaucht, lässt man vorbeiziehen. Dabei kann es zum Erleben tiefster Stille und Leere kommen – Voraussetzungen für mystische Erlebnisse wie dem sogenannten Satori, bei dem die Trennung zwischen Innen und Außen, vermeintlichem Subjekt und Objekt verschwindet.

Vipassana-Meditation

Bei dieser Technik liegt der Schwerpunkt auf dem eigenen Atem. Dabei geht es nicht darum, sich auf das Atmen ausgesprochen zu konzentrieren, sondern das Ein- und Ausatmen anstrengungsfrei zu beobachten. Dadurch entsteht eine Entspannung, die den Atem vertieft, ohne dass dies bewusst oder gewollt geschieht. Es gibt zwar auch Vipassana-Techniken, bei denen der Atem vorsätzlich vertieft wird, doch bei entsprechender Entspannung geschieht das von alleine. Gleichzeitig nimmt man wahr, dass der Atem die Verbindung zwischen dem eigenen Wesen und allem anderen darstellt, wobei der Begriff Verbindung den fälschlichen Eindruck erwecken könnte, dass es sich um zwei voneinander verschiedene Bereiche handeln könnte. Dem ist aber nicht so. Bereiche, die miteinander verbunden sind, sind nicht wirklich getrennte Bereiche. Das wird anhand des Atmens sehr schön klar. Denn das Atmen kann man selbst »in die Hand nehmen« und bewusst steuern. Tiefe, Geschwindigkeit und Rhythmus des Atems können bewusst reguliert werden. In diesen Momenten scheint man selbst es zu sein, der den Atem kontrolliert. Doch was geschieht, wenn man mit der Manipulation aufhört? Sich nicht mehr auf den Atem konzentriert? Dann übernimmt die Existenz den Vorgang. Man wird quasi beatmet, ohne etwas dazu zu tun. Wie alle meditativ erlebten Erfahrungen ist auch das entspannte Einheitsgefühl bei der Vipassana-Meditation nur schwer in Worten zu beschreiben. Was dagegen hilft? Ausprobieren.

Meditieren mit einem Mantra

Als Mantra bezeichnet man ein Wort oder eine Wortfolge, der ein bestimmter Sinn zugeordnet wird. Das wohl bekannteste Mantra ist das »Om«, das man übrigens eher wie Oum ausspricht, als so, wie es geschrieben wird. Bei der passiven Meditation mit einem Mantra hört man sich den Begriff oder die Wortfolge in einer Art Endlosschleife an (es selbst auszusprechen oder zu singen ginge mehr in Richtung aktiver Meditation). Durch die Konzentration auf die gleichmäßige Rezitation können die Gedankenschleifen, die ansonsten immer und überall auftreten, vollkommen verschwinden. Allerdings kann es auch passieren, dass man selbst verschwindet, und zwar in das Reich der Träume. Mantra-Meditationen sind somit zwar als Einschlafhilfe geeignet, sollten zum Zweck der Meditation jedoch nur dann angewendet werden, wenn man frisch und ausgeruht ist. Auf Videoplattformen im Internet findet man zahlreiche solcher Mantren, mit denen man die Meditation ausprobieren kann.

Die Ruhemeditation

Wie schon der Name vermuten lässt, geht es bei der Ruhemeditation um Stille. Diese Meditation gibt es schon sehr lange, und das quer durch alle Religionen und spirituellen Richtungen. In mancherlei Hinsicht kann sie auch als übergeordneter Begriff für spezielle Meditationen gesehen werden (etwa für Zazen). Die Ruhemeditation verlangt keine bestimmte Körperhaltung, was für ältere, verletzte und körperbehinderte Menschen von großem Vorteil ist. Alles, was es an Äußerlichkeiten zur Ruhemeditation braucht, ist die höchstmögliche Abwesenheit von Lärm und Geräuschen. In vielen deutschen Städten gibt es einen „Raum der Stille", in den man sich zu solch einer Meditation zurückziehen kann. Doch auch in den eigenen vier Wänden ist es fast immer möglich, die Geräuschquellen vorübergehend abzustellen. Ein besonderer Luxus (im umgekehrten Sinne) besteht darin, sich einen spartanischen Meditationsort einzurichten, der nicht mit Accessoires überfüllt ist, sondern sich auf das Wesentliche konzentriert. Eine Kerze und ein Kissen beispielsweise genügen, um zur Ruhe zu kommen. Immerhin geht es um minimalistische Reduzierung nicht nur der akustischen, sondern auch der optischen Elemente. Wer keinen Platz hierfür hat und deshalb nicht das Wohnzimmer ausräumen möchte, der sucht sich eine Stelle in der Wohnung, an der möglichst wenig Objekte ablenken und an der er eine Kerze anzünden kann. Vor dem Meditieren sollte man den Raum lüften – das ist übrigens für alle Meditationstechniken empfehlenswert. Auch das Tragen bequemer Kleidung ist allgemein hilfreich. Zieht man sich vor dem Meditieren gezielt um, so wird das im Unbewussten damit verknüpft, dass jetzt eine angenehme Sache bevorsteht. Derlei Anker sind besonders für Anfänger des Meditierens hilfreich, um den Vorgang zum festen Lebensbestandteil zu machen, und zwar zu einem bereichernden Bestandteil. Den genauen Ablauf einer Ruhemeditation kann man variieren.

Stellt sich in einer bequemen Haltung und ruhiger Umgebung keine Stille ein (oder beginnen die Gedanken gar, erst recht zu rasen), dann kann man sich vorstellen, mit jedem Atemzug Stille einzuatmen und beim Ausatmen Lärm, Stress und Belastung loszulassen. Sich darauf zu konzentrieren, unterbricht über kurz oder lang den Gedankenstrom. Auch hier ist es wichtig, sich nicht unter Druck zu setzen, sondern geduldig mit sich zu sein. Es ist wirklich eine Seltenheit, dass nach Jahren oder Jahrzehnten des geistigen Umherflitzens auf Kommando Ruhe einkehrt, nur weil man das jetzt so beschlossen hat. Meditieren lernt man ebenso wenig auf einen Schlag wie man Klavier spielen kann, sobald man sich vor das Instrument setzt. Doch schon die Geduld, bestenfalls Erwartungsfreiheit, ist ein Schritt in die richtige Richtung und wirkt sowohl erfrischend als auch motivierend. Mit der Zeit kehrt die Ruhe schon allein beim Sitzen ein, ohne dass es bestimmter Vorstellungen bedarf. Trotzdem können solche kleinen Hilfsmittel immer wieder benutzt werden, auch im Alltag und in prekären Situationen. Besonders erstaunlich und ermutigend ist die Erkenntnis, dass einem die Ressource der eigenen Stille immer und überall zur Verfügung steht.

Aktive Meditationsmethoden

Aktive Meditationstechniken sind optimal geeignet für Menschen, denen es aufgrund ihrer Lebensweise oder ihres Temperaments unmöglich erscheint, sich still hinzusetzen und »in sich zu gehen«. Manchen macht es sogar Angst, wenn sie plötzlich mit ihrem eigenen Innenleben konfrontiert sind, ohne sich davon ablenken zu können. Dabei ist die Intensität des Schreckens unterschiedlich: Wer nur ein wenig irritiert ist, weil er bislang so gar keine Innenschau praktizierte, der sollte sich deshalb nicht gleich von passiven Meditationstechniken abwenden. Es kann sich durchaus lohnen, die kleine Irritation zu überwinden – sie wird sich in den meisten Fällen schneller legen als gedacht und dann tun sich ganz neue, interessante Räume auf. Anders ist es bei Menschen, die mit psychischen Schwierigkeiten zu tun haben und sich deshalb womöglich (zunächst) vor der Konfrontation mit dem Innenleben wirklich scheuen. Für sie sind aktive Techniken eine hervor-ragende Möglichkeit, um auf den meditativen Weg zu kommen, ohne dass er sie belastet. Das gilt auch für Menschen, die bislang eine Art Abneigung gegen alles Spirituelle hatten und trotzdem daran interessiert sind, ihr Leben durch »neue« Sichtweisen und Aktivitäten zu bereichern.

OSHO-Meditationen

Es gibt verschiedene OSHO-Meditationen, die alle eines gemeinsam haben: Sie gehen im Vergleich zu den passiven Meditationsformen den umgekehrten Weg – nicht vom Kopf her zur Stille, sondern vom Körper aus. Diese Meditationen sind mehr oder weniger bewegungsintensiv und dauern mindestens eine Stunde. Eine gut investierte Stunde! Denn der Weg über das Körperbewusstsein ist wirksam und genau das Richtige für unruhige Geister, die nicht gerne sitzen mögen. (Vielleicht ändert sich das nach den ersten positiven aktiven Meditationserfahrungen …). Die Techniken können alleine oder in Zentren ausprobiert werden und für die jeweiligen körperlichen Konstitutionen gibt es unterschiedlich herausfordernde Meditationen. Die OSHO-Dynamische-Meditation ist körperlich anstrengender als die eher ruhige OSHO-Devavani-Meditation. Wer sich auf diese Medi-tationen einlässt, erlebt durch die körperliche Aktivität eine (meist) ganz neue Hingabe an die Bewegung und an sich selbst. Das bereitet oft den Boden, sich auf traditionelle Meditationstechniken einzulassen und ist ganz nebenbei sehr förderlich für Fitness und Gesundheit.

Tanz der Derwische

Beim Tanz der Derwische handelt es sich um eine klassische aktive Meditation, die der arabischen Sufi-Tradition entspringt. Im Tanz dreht man sich permanent um die eigene Achse und gelangt schließlich zum Zentrum der unbeweglichen Mitte (beziehungs-weise »entdeckt« es) – es ist der Ort der bewussten Wahrnehmung. Der Tanz der Derwische wird noch heute in den OSHO-Meditationszentren als »Sufi Whirling« angeboten und praktiziert.

Die Schüttelmeditation (Kundalini-Meditation)

Diese aktive Meditation ist nicht mit den Kundalini-Yoga-Übungen verwandt, auch wenn die Bezeichnung einen das zunächst vermuten lässt. Sie dauert, wie fast alle aktiven Techniken, eine Stunde pro Einheit und wird zu flotter Musik durchgeführt. Man bemüht sich um einen möglichst stabilen Stand auf dem Boden und schüttelt sich zu den musikalischen Klängen. Natürlich hat das einen Grund – es wird alles Störende, Überflüssige und Belastende abgeschüttelt. Was einem anfangs vielleicht merkwürdig vorkommt, geht rasch in eine Eigendynamik über. Dann schüttelt es sich wie von selbst und Energie wird frei. Fast unmerklich geht das Schütteln in intuitives Tanzen über. Sehr befreiend und entlastend, harmonisierend und wohltuend! Gegen Ende der Meditation setzt man sich hin, schließt die Augen, lauscht nur noch der Musik und beobachtet aufkom-mende Gedanken und Gefühle. Zum Abschluss legt man sich (ohne Musik) hin und entspannt. Diese auf den ersten Blick vielleicht ungewöhnliche Methode ist besonders geeignet, um den Schritt vom aktiven Meditieren hin zu passiven Methoden zu gehen. Zudem kann man sie auch ausgezeichnet alleine zu Musik eigener Wahl durchführen.

Allgemeine Meditationstechniken

Natürlich stellen die vorhergehenden Beispiele nur einen winzigen Auszug der unzähligen Meditationstechniken dar. Sie sollen einen kleinen Einblick in die Vielfalt der Techniken geben. Unabhängig von den allgemein bekannten Meditationsformen gibt es einige Elemente, die man in Eigenregie in fast jede Meditation integrieren kann – oder sie als Meditation selbst benutzen kann. Denn beim Meditieren geht es nicht darum, eine möglichst originelle Technik auszuführen, eine Sammlung raffinierter Methoden anzuhäufen oder Aufgaben abzuarbeiten

Es geht vielmehr darum, vom Tun zum Sein zu wechseln beziehungsweise beides miteinander zu kombinieren. Welcher Weg für Dich der Richtige ist, ob Du ihn hin und wieder korrigierst oder ob Du Deinen ganz eigenen Weg entwickelst – all das entscheidest Du selbst. Welche ganz allgemeinen Meditations-techniken oder -elemente kannst Du für Dich nutzen? Beispielsweise die, den momentanen Augenblick tatsächlich wahrzunehmen.

Wenn es einmal »Klick« gemacht hat, wird das sogar eher die Regel als die Ausnahme sein. Es wird immer seltener geschehen, dass ein Augenblick unbeachtet bleibt. Mit der zunehmenden Bewusstheit geht es fast zwangsläufig Hand in Hand, dass Du heilsame Emotionen in Dir kultivierst. Negative Empfindungen wie Ärger, Besorgnis und Unmut gehen wie von selbst zurück und an ihre Stelle treten Empathie, Liebe und innere Großzügigkeit. Auch das Visualisieren eines heilsamen Lichts oder einer solchen Energie ist eine Technik, die immer und überall angewendet werden kann. (Alles, was man sich vorstellt, hat eine Energie und damit auch eine Wirkung.)

Auf viele Menschen wirkt der Aufenthalt in der Natur oder der Genuss schöner Musik äußerst förderlich auf das Wohlbefinden und das Vergessen des gedachten Ichs. Im Freien oder in Innenräumen kann die Geh-Meditation durchgeführt werden. Dabei wird nicht nur auf jeden Schritt geachtet, sondern auch auf den Kontakt der Füße mit dem Untergrund. Selbst dabei kann man sich auf Details konzentrieren, etwa auf die Fersen oder das Abrollen des Fußes. Statt eines akustischen Mantras wie dem »Om« oder anderen Begriffen kann man sich auch auf ein optisches Mantra konzentrieren, eine Kerze etwa oder ein Bild. Und natürlich kann das Schauen mit dem Hören kombiniert werden.

Meditation im Alltag

Egal, welche Meditationspraxis Du gerade verfolgst oder ob Du vielleicht (noch) gar nicht bewusst meditierst: Das Meditieren ist nicht nur eine Angelegenheit für gewisse Stunden. Wer praktiziert, wird schon bald die Auswirkungen auf das ganz normale Alltagsleben spüren (das dann gar nicht mehr so »normal« ist). Wer gerade nicht praktiziert, kann den Alltag zur Meditation machen. Es sind ganz einfache Verhaltensweisen, die das bisherige Erleben intensivieren und die Welt in einem völlig neuen, frischen und faszinierenden Licht erscheinen lassen. Du kannst sowohl bisher bekannte Elemente aus Deiner bisherigen Meditations-praxis mit in den Alltag nehmen als auch Angewohnheiten annehmen, die in Deinen Sitzungen bislang wenig oder gar nicht präsent waren. Wie immer bei Veränderungen erscheinen sie anfangs vielleicht etwas ungewohnt oder sogar anstrengend, doch nach kürzester Zeit werden Dir die neuen Sichtweisen und Lebensformen in Fleisch und Blut übergehen – wie alles, das sich als echte Bereicherung erweist. Und dazu gehören diese kleinen, feinen Alltagsmeditationen, die Du immer und überall anwenden kannst.

Fokus auf den Atem

Es hat schon einen Grund, weshalb der Fokus auf den Atem in fast allen Meditationen eine Rolle spielt, in manchen sogar die Hauptrolle. Das Atmen ist eine Funktion, die sowohl selbst gesteuert werden kann, jedoch genauso perfekt »von alleine« läuft. Wer lebt, atmet – und er (oder sie) kann sich nicht aussuchen, welche oder wessen Luft er sich gerade einverleibt. Das Atmen ist eine absolut notwendige und unvermeidbare Brücke zur sogenannten Außenwelt, solange man sie noch als solche interpretiert. Tatsächlich sind durch das Atmen sämtliche Lebewesen miteinander verbunden – und wie könnte man von etwas, mit dem man verbunden ist, gleichzeitig getrennt sein? Doch es braucht gar nicht diese logischen Betrachtungen, um den Atem als etwas ganz Besonderes einzuschätzen. Wie so oft hilft die eigene Erfahrung viel besser auf die Sprünge als theoretische Abhandlungen. Aus genau diesem Grund dient der Atem hervorragend zur Meditation. Auch im ganz »banalen« Alltag.

Natürlich ist es hilfreich, den Atem zuvor schon in eigenen Sitzungen näher untersucht zu haben. In vielen Kulturen wird er mit der Lebenskraft gleichgesetzt. Ihn zu beobachten, bringt Körper und Seele in bewussten Einklang. Diese ursprünglich auch so angelegte Harmonie vermittelt ein äußerst angenehmes Empfinden, sobald sie einem wieder bewusst wird. Die Konzentration auf die Atemzüge fährt die alltägliche Hektik wie von Zauberhand herunter, denn in jeder Minute nimmt der Mensch nur ein gutes Dutzend Atemzüge – die meisten anderen Eindrücke aus der Umwelt, der Technik und so weiter haben eine sehr viel höhere Frequenz. Eine bewährte Meditationstechnik besteht darin, die Atemzüge zu zählen. Jeweils bis zehn und dann wieder von vorn anzufangen. Dabei wird sowohl das Einatmen gezählt als auch das Ausatmen. Es klingt erstaunlich, doch kaum jemandem gelingt es auf Anhieb, am Zählen bis zur Nummer Zehn dranzubleiben.

Stets kommen irgendwelche Gedankenkapriolen dazwischen und man verheddert sich schon beim Zählen unter der Zahl Zehn! Probier es ruhig einmal aus, es ist sehr amüsant. Mit der Zeit und mit Übung funktioniert es aber trotzdem. Vorteil: Alle anderen Irr- und Nebenwege des Geistes werden damit automatisch blockiert. Es ist sehr entspannend, einfach mal nur bis Zehn zu zählen! Gelingt Dir das irgendwann ohne Pannen, folgt sogleich die nächste Übung: Jetzt geht es daran, mit dem Zählen aufzuhören und stattdessen nur die Bewegung des Brustkorbs beim Atmen zu beobachten oder aber das Ein- und Ausströmen der Luft aus der Nase. Auch das mag anfangs wenig spannend erscheinen, sodass der Geist sich hurtig damit befasst, ob wohl noch genügend Sprit im Tank ist und was es zum Abendessen geben könnte. Sobald Du diese Querschläger bemerkst, kehrst du am besten wieder zum Brustkorb oder zur ausströmenden Luft zurück. Diese Selbstdisziplinierung lohnt sich absolut, denn schon bald wird Dir auffallen, wie die ausströmende Luft kitzelt und wie erstaunlich es ist, dass sich dein Brustkorb, einem Wunder gleich, regelmäßig hebt und senkt. Mit solchen Übungen übernimmst Du nicht nur die Regie über den unruhigen Geist, sondern verfeinerst auch Deine Wahrnehmung. Es gibt ja so viel zu entdecken, das bisher kaum beachtet wurde! Je mehr Du meditierst, desto facettenreicher wird das Leben. Und gerade der Atem ist ein tolles Übungsfeld, das Dir immer und überall zur Verfügung steht. Auch im ganz »normalen« Alltag.

Den gegenwärtigen Moment bewusst erleben

Üblicherweise befindet sich unser Geist überall, nur nicht in der Gegenwart. Munter hüpft er vom Gestern zum Morgen und befasst sich allenfalls noch mit dem Vorhin oder Später. Nur die Gegenwart lässt er fein säuberlich aus, denn nichts ist langweiliger als sie. Die tollen Erlebnisse, die fantastischen Ereignisse, der große Preis – all das gab es entweder schon gestern oder aber es ist für den Folgetag geplant. Nichts ist erbärmlicher als die Gegenwart: öde, grau und leer. Nicht der Rede wert, niemals. Bei solch erstaunlichen Einschätzungen kann Dein Geist ganz schön froh sein, dass er Dich hat! Denn Du hast sicher längst bemerkt, dass es gar nichts anderes gibt als die Gegenwart und dass jegliches Denken an eine imaginäre Zukunft oder eine vergangene Vergangenheit nichts anderes ist als ein Trugbild im Kopf. Wann sollte sie denn beginnen, die sogenannte Zukunft? In fünf Minuten, morgen oder nächstes Jahr? Zu den genannten Zeitpunkten wird sie keine Zukunft sein, sondern Gegenwart. Das gilt schon für den nächsten Moment, der jetzt gleich stattfinden wird. Niemand wird je eine Zukunft erleben und niemand wird je eine Vergangenheit wiederbeleben können. Alles, wirklich alles, was tatsächlich existiert, ist dieser Moment jetzt gerade, in dem ein Vogel zwitschert oder Du diese Zeilen liest. Glücklicherweise kann man im gegenwärtigen Moment noch viele andere Dinge erleben. Genau genommen: alles. Es wird niemals eine andere Plattform für das Leben geben als den jetzigen Moment. Sobald diese Erkenntnis wirklich gesackt ist, wirst Du das Warten an der Bushaltestelle nie wieder als langweilig empfinden.

Wachsam und achtsam sein

Im Laufe Deiner Praxis und des zunehmend bewussten Lebens sollte eine Sache nicht unterschätzt werden: Die alten Gewohnheiten kämpfen hartnäckig um ihr Überleben. War es nicht toll und spannend, permanent ein Bonbon in Aussicht zu haben, das es nur in der sogenannten Zukunft gibt? War es nicht herzerwärmend, von den guten, alten Zeiten zu träumen, gegen die die Gegenwart ein reichlich langweiliges Bild abgab? War es nicht romantisch, sich eine schillernde Zukunft auszumalen – eine Vorstellung, die den trüben Montag halbwegs erträglich machte?

– Natürlich nicht. Die Gegenwart ist immer die einzige und beste Bühne, die es gibt, das wurde mittlerweile schon klar. Auch Sehnsüchte und Träumereien spielen sich ausschließlich im Jetzt ab. Das gilt ebenso für Reue, Bedauern und verwandte Empfindungen. Dennoch werden sie immer mal wieder die Bühne betreten und versuchen, Dich aus dem Moment zu reißen und Dir Spannung und Abwechslung zu versprechen. Das dürfen sie ruhig, denn je achtsamer Du im Lauf der Zeit wirst, desto rascher erkennst Du es, wenn Dein Geist Dich aus der Gegenwärtigkeit reißen möchte. Ohnehin wird das immer seltener geschehen, je mehr Du Dich im Jetzt befindest. Achtsamkeit kann man auch in ganz konkreten Übungen trainieren. Interessant ist die bewusste Verlangsamung von Abläufen, die üblicherweise in einem gewissen Tempo absolviert werden. Dazu bietet sich besonders das eigene Gehen an. Husch, husch, von hier nach dort – dabei nimmt man weder die Dinge wahr, die auf dem Weg liegen, noch ist einem die eigene Fortbewegung bewusst. Durch gezielte Verlangsamung der Schritte holt man sowohl die Schritte selbst als auch die Außenwelt ins Bewusstsein. Man kann sich auch nur auf die eigenen Schritte konzentrieren und den Fokus damit noch weiter einengen. Das geschieht bei Geh-Meditationen, in denen die Geschwindigkeit der Bewegung extrem reduziert wird. Jede praktizierte Übung hinterlässt Spuren im Alltagsverhalten. Das gilt auch für akustische Wahrnehmungen, die üblicherweise ausgeblendet werden. In Großstädten mit einem hohen

Lärmpegel dient das durchaus als eine Art Schutzmaßnahme. Allerdings geschieht das Ausblenden nicht nur dort und nicht nur bei Bedarf, sondern ist oft nur der Achtlosigkeit geschuldet. Man kann es üben, wieder mehr Geräusche wahrzunehmen, bei einem Spaziergang oder im eigenen Zuhause. Zählt man über einen bestimmten Zeitraum hinweg bewusst alle Geräusche, so ist das Ergebnis meist erstaunlich. Das Filtern der Geräusche nach Herkunft (Vogelstimmen, Autos, …) ist eine weitere interessante Variante dieser Übung. Da so gut wie jeder Mensch heute ein Handy mit Kamera besitzt, ist auch das Fotografieren eine wirksame Achtsamkeits-Übung, die man mühelos in den Alltag integrieren kann. Damit sind weniger schnell geknipste Selfies gemeint, denn sie werden meist ohne sonderliche Aufmerksamkeit fabriziert (was man natürlich jederzeit ändern kann). Beim achtsamen Fotografieren geht es um das bewusste Auswählen und Anvisieren eines Motivs. Auf der Suche nach einem ansprechenden Bildausschnitt nimmt man Dinge wahr, die man sonst leicht übersehen hätte. Die Perspektive, die Details, das Spiel von Licht und Schatten – all das verfeinert den eigenen Blick, die Wahrnehmung und die Aufmerksamkeit. Eine der einfachsten, vielleicht aber auch schwierigsten Achtsamkeitsübungen besteht darin, nichts zu tun. Nicht lesen, nicht essen, keine Musik hören, PC und Handy abschalten, nicht putzen und auch nicht sprechen – wenn Du das jeden Tag eine Viertelstunde oder länger praktizierst, wird es Dir sicher bald zu einem sehr angenehmen Ritual. Im Grunde ist das gezielte Nichtstun ein meditativer Vorgang, denn es ist interessant, was dabei im Geist aufsteigt, wie man damit umgeht – und was schon bald nicht mehr aufsteigt und wodurch es ersetzt wird.

Die Rolle des bewussten Beobachters einnehmen

Eine sehr wirkungsvolle Methode vieler Meditationen kann mühelos in den Alltag übertragen werden – das bewusste Beobachten sämtlicher Abläufe und Geschehnisse im »Innen« wie im »Außen«. Durch das bewusste Beobachten der sogenannten Außenwelt wirst Du zunehmend aufmerksamer und, im wahrsten Sinn des Wortes, scharfsinniger. Du entdeckst Details, die Dir bislang nicht aufgefallen sind oder die Du für nicht beachtenswert hieltest. Das Leben erhält durch dieses bewusste Beobachten eine ganze Reihe zusätzlicher Facetten, selbst wenn Du nur die Tür eines Ladengeschäftes beobachtest und wer da auf welche Art und Weise ein- und ausgeht. (Nur ein Beispiel, das durch etliche andere Möglichkeiten ersetzt werden kann und vielleicht auch sollte – nicht, dass Du in den Verdacht gerätst, das Geschäft in unredlicher Absicht auszuspähen ...) Das bewusste Beobachten kann man immer und überall üben. Die meisten Alltagsgegenstände werden üblicherweise routiniert benutzt, ohne dass man sich näher mit ihnen befasst oder sie einmal eingehend betrachtet. Das kann man genauso gut anders handhaben. Wie genau ist dieser Türgriff eigentlich beschaffen, wie fühlt es sich an, ihn in der Hand zu haben? Benutzt Du Deine Tastatur routiniert oder hast Du schon einmal wahrgenommen, wie es sich in den Fingerspitzen anfühlt, wenn Du tippst? Könntest Du aus der Erinnerung sagen, welche Zeichnung das Fell »Deiner« Katze oder »Deines« Hundes hat – und falls nein, wäre es nicht interessant, es einmal bewusst anzuschauen? Und weshalb stehen hier die Begriffe »Deiner« und »Deines« in Anführungszeichen? Mindestens ebenso spannend ist es, Deine eigenen Reaktionen, Gedanken und Handlungen zu beobachten. Auch Deine Reaktionen auf ebendiese Beobach-tungen! Durch das Einnehmen einer Beobachterposition Dir selbst gegenüber nimmst Du die »persönliche Betroffenheit« aus der Geschichte und siehst Dich selbst mit einer gewissen Distanz.

Es findet quasi eine Re-Identifizierung statt, was bedeutet, dass Du vielleicht erkennst, gar nicht diese »bestimmte Person« zu sein, für die Du Dich bislang gehalten hast. Diese Methode findet in vielen Meditationen Anwendung. Denn wenn Du Dich selbst ebenso beobachten kannst wie die Dinge um Dich herum, wer bist Du dann wirklich? Es gibt einen weiteren interessanten Aspekt zum bewussten Beobachten, der aus der Quantenphysik stammt. Er bezieht sich auf eine Frage, die Albert Einstein gestellt hat: »Existiert der Mond auch dann, wenn keiner hinsieht?«. Diese Frage scheint zunächst absurd, denn natürlich gibt es den Mond immer, dazu muss ich ihn doch nicht anschauen – mögen die meisten Leute denken. Tatsächlich aber wurde in einem Experiment festgestellt, dass Dinge, die nicht im Bewusstsein einer Person sind (also von niemandem wahrgenommen werden), lediglich als Welle existieren und nicht als Teilchen. Sie existieren damit nur als Potenzial, zu Materie zu werden und wurden im Experiment erst dann dazu, wenn sie Aufmerksamkeit erhielten, in diesem Fall in Form einer Messung. Das war das Doppelspalt-Experiment.

Die Quantenphysik befasst sich noch immer mit Realitäts- und Bewusstseinsmodellen und es ist äußerst interessant, die Entwicklungen, Annahmen und Erkenntnisse zu verfolgen. Wenn man die bisherigen Ergebnisse des Doppelspalt-Experiments auf das eigene Erleben umlegt, kann man sagen, dass die Welt umso größer wird, je aufmerksamer und bewusster man sie wahrnimmt. Und tatsächlich: Die Form einer Teekanne, der Du bislang keine Beachtung geschenkt hast, hat bis dahin gewissermaßen nicht existiert. Erst wenn Du beginnst, Dich mit ihr zu befassen, wird sie für Dich relevant und beginnt zu »existieren«. Je mehr Dinge, Personen, Umstände und so weiter Du bewusst wahrnimmst, desto größer und faszinierender wird die Welt.

Beobachten, ohne zu urteilen

Üblicherweise begnügt sich der Mensch nicht damit, etwas wahrzunehmen. So gut wie immer gibt er zeitgleich einen Kommentar dazu ab, wenn auch oft nur gedanklich. Gibt es deshalb so viele Adjektive? Schon möglich. Schön, hässlich, nützlich, sinnlos, abstoßend, erwünscht, begehrenswert, unbeliebt, angenehm, lecker, erfreulich … man könnte endlos so weitermachen und bemerkt erst dann, dass diese Begriffe bewusst oder unbewusst ständig angewendet werden. Sehr viele Dinge sind in einer Art Automatismus mit ihrer Bewertung verknüpft. Wenn die Bewertung einmal sitzt, wenn das Etikett geklebt ist, wird es nur selten wieder angezweifelt. Falls doch, dann wird es nur durch ein anderes ausgetauscht. Der bislang eher unsympathische Nachbar ist dann doch recht sympathisch, nachdem man nett mit ihm geplaudert hat. Der bislang ekelhafte Spinat schmeckt eigentlich doch ganz lecker, wenn man ihn anders zubereitet. Durch das ununterbrochene Kommentieren und Einordnen von Dingen, Personen und Begebenheiten wird das Erleben reduziert und ja, natürlich dient das in gewissem Maß der Vereinfachung des Lebens. Aber ist die wirklich so vorteilhaft? Handelt es sich wirklich um eine Vereinfachung oder nicht vielmehr um eine Reduzierung des Erlebens? Und ist die Kommentierung denn nicht höchst subjektiv und beruht meist nur auf einem winzigen, oft einmaligen Eindruck? Werden Bewertungen denn nicht aus einer eigenen, bestimmten Stimmung heraus verfasst, jedoch als so unumstößlich angesehen, als seien sie das Ergebnis eingehender Studien? Und wie oft beruhen Bewertungen auf Vorurteilen, vorgefassten oder von der eigenen »Sippe« ungeprüft übernommenen Meinungen und Traditionen? Gerade weil das Bewerten von allem und jedem eine lange Tradition hat, ist es eine Herausforderung, zu einem wertneutralen Beobachten überzugehen. Am leichtesten wird das gelingen, wenn generell erkannt wird, dass Bewertungen den Erlebnishorizont stark einengen bzw. verfälschen und zudem auf einer äußerst fragwürdigen Basis entstanden sind (und entstehen).

Mit Bewertungen werden Menschen und Dinge reduziert wahrgenommen und »abgehandelt« wie ein Thema, zu dem man nur eine oberflächliche Notiz verfasst. Sobald die Erkenntnis auftaucht, dass urteilendes Beobachten die Realität verfälscht, kommt man den vielen verfassten Bewertungen leicht auf die Spur und stellt sie automatisch in Frage. Wo das nicht automatisch geschieht, kann man sich selbst dazu aufrufen. Auch hier hilft das Beobachten. Du kannst damit beginnen, täglich zehn Minuten lang Deine Gedanken zu beobachten und sie auf Bewertungen hin zu untersuchen. Wahrscheinlich stößt Du auf überraschend viele Etiketten, die bereits geklebt sind. Sie können jetzt abgezogen werden. Die zeitliche Beschränkung der Übung auf anfangs zehn Minuten ist hilfreich, um sie dauerhaft durchzuführen – vielleicht zunächst nur eine Woche lang und nach einer Pause erneut. Vielleicht gehst Du aber auch so in der Übung auf, dass Du überhaupt keine zeitliche Beschränkung möchtest.

Wie bei allen Übungen übertragen sich die Inhalte auf das alltägliche Verhalten. Wer seine eigenen Bewertungen entdeckt, hinterfragt und auflöst, wird künftig immer seltener neue Urteile fällen. Falls doch, so rücken sie rasch ins Bewusstsein und setzen sich erst gar nicht fest. Der Gewinn durch das urteilsfreie Beobachten ist enorm. Der Horizont weitet sich, die Beobachtungen werden facettenreicher und die Kommunikation wird offener und respektvoller. Probier es einfach selbst aus!

Den Moment so akzeptieren, wie er ist

Auch das ist eine Herausforderung, aber eine äußerst angenehme: den Augenblick so anzunehmen, wie er nun einmal ist. Wer kennt es nicht, dass viele Momente so ganz anders daherkommen, als man sie gerne hätte? Wer Zahnschmerzen hat oder im Aufzug stecken bleibt, hat üblicherweise viele Ideen, wie ihm dieser Moment besser gefallen könnte. Über die Schmerzen kann man ärgerlich, wütend oder empört sein – es wird sie keinesfalls beeindrucken und noch weniger verschwinden sie dadurch. Gleiches gilt für den ruhenden Aufzug. Nicht ein einziger kam in Fahrt, weil die Insassen sich ihrem Ärger oder ihrer Angst hingaben. Ja, und? Werden die Schmerzen verschwinden, wenn Du sie akzeptierst? Oder wird der Aufzug mit Aktivität reagieren, wenn Du seinem Päuschen neutral gegenüberstehst? – Eher nicht. Aber Du ersparst Dir jede Menge unnütz verplemperte Energie. Und genau betrachtet: Was ist sinnloser, als nicht mit dem einverstanden zu sein, was gerade ist? Ebenso könntest Du Dich darüber echauffieren, dass der Himmel blau und das Gras grün ist. Den gegenwärtigen Moment zu akzeptieren heißt jedoch nicht, in Passivität zu verfallen und ruhig zuzuschauen, wie gerade ein Verbrechen geschieht. Es heißt jedoch, zu akzeptieren, dass Du gerade, warum auch immer, in dieser Lage bist und auf Grundlage dieser Akzeptanz zu handeln oder nicht zu handeln. Am Beispiel des Verbrechens bedeutet das, Dich nicht mit Ärger darüber aufzuhalten, dass Du gerade mit dieser Situation konfrontiert wirst, obwohl Du eigentlich einen wichtigen Termin hast. Das ist nun einmal so, wie es ist und muss nicht weiter beleuchtet werden, stimmt's? Viel gescheiter ist es, diesen Moment samt seiner Umstände zu registrieren und anzunehmen. Daraus erwächst quasi automatisch die richtige Reaktion. Denn die Energie, die ansonsten mit Ärger, Wut und ähnlichen Reaktionen verplempert wird, ist viel besser in effektives Reagieren investiert – falls es nötig ist, denn nicht immer geht es um harsche Szenen wie hier beschrieben. Das Annehmen des Moments kann man schon in vermeintlichen Kleinigkeiten üben, die scheinbar keine wesentlichen Auswirkungen haben.

Wen interessiert es schon, ob ich es blöd finde, dass es gerade regnet oder ob ich es annehme? – Dich interessiert es! Denn wenn Du damit einverstanden bist, dass es gerade wie aus Kübeln schüttet, kehrt bei Dir Ruhe ein. Du brauchst Dich damit nicht mehr aufzuhalten, zumal das den Regen reichlich wenig interessiert. Stattdessen machst Du in Dir Platz. Platz, der sowieso da ist, den Du jedoch mit Deinem Ärger zugestellt hast. Ist er nun wieder frei, dann entsteht nicht nur eine souveräne Gelassenheit, dann kommst Du vielleicht gerade jetzt, wo Du nicht nach draußen gehst wie geplant, auf eine grandiose Idee. Eine Idee, auf die Du schon lange gewartet hast. Das sind nur Beispiele. Nichts spricht dagegen, ab sofort auf die Momente aufmerksam zu werden, mit denen Du nicht einverstanden bist. Schon die Entdeckung dieser Abwehrhaltung dem Augenblick gegenüber kann dazu führen, die Abwehr aufzulösen. Du wirst merken, dass sofort Ruhe einkehrt. Das Einverständnis mit dem Moment, wie er sich gerade entfaltet, versetzt Dich in einen harmonischen, entspannten Zustand, der als das Selbstverständliche und »Richtige« erkannt wird.

Vielleicht fragst Du Dich, wie Du bislang überhaupt auf die Idee kommen konntest, einen Augenblick anders haben zu wollen, als er ist. Vielleicht lachst Du auch darüber. Das dürfte ein freundliches Lachen sein, eine entspannte Heiterkeit. Die wird Dir auch helfen, wenn Du, vielleicht schon bald, mit einer Situation konfrontiert wirst, die Du ganz und gar nicht witzig findest. Huch, herausgefallen aus der Akzeptanz! Auch das gilt es zu akzeptieren. Du kannst wieder und wieder neu beginnen. Die Reise bleibt spannend!

Zustand permanenter Meditation oder Erleuchtung?

Wenn Meditation so wohltuend, hilfreich und natürlich ist – ist es bei entsprechender Übung dann auch möglich, permanent in diesem Zustand zu verweilen? Diese Frage taucht bei manchen Praktizierenden auf oder steht sogar als Ziel auf ihrer Agenda. Dabei sind konkrete Ziele nicht gerade das, was Meditation definiert. Trotzdem ist es verständlich, dass man, einmal auf den Geschmack gekommen, die höchstmögliche Ausweitung der Praxis anpeilt. Bezieht man das auf den spirituellen Aspekt des Meditierens, stößt man unweigerlich auf eine ganze Reihe Gurus, die sich als »verwirklicht«, »erleuchtet« oder einfach als »Meister« bezeichnen. Das klingt danach, als sei etwas Endgültiges erreicht worden. Genau das ist weder zu beweisen noch zu widerlegen.

In einigen spirituellen Disziplinen gibt es verschiedene Stufen der sogenannten Verwirklichung, in anderen gibt es einfach die Erleuchtung, fertig. Schon deshalb muss die Selbsteinschätzung als »Erleuchteter« im jeweiligen Kontext der Begriffsbestimmung gesehen werden. Und nicht nur deshalb: Wer sich als erleuchtet bezeichnet, vermittelt damit den Eindruck, es gäbe eine Person, die etwas erlangt oder erreicht hätte. Je nach Leseart und Angebot spiritueller Lehren geht es bei der Erleuchtung jedoch eher darum, gerade die Nicht-Existenz einer Person (im Sinne eines getrennten Wesens) zu realisieren. Damit gäbe es auch niemanden, der erleuchtet werden kann, sondern nur Erleuchtung an sich. Trotzdem ist da ja immerhin ein Organismus, der als solcher wahrgenommen werden kann. Also doch ein separates Wesen? Oder ein Aspekt von Allem, der sich gerade nur in dieser Form manifestiert? Man sieht schon, es ist nicht ganz einfach mit der Erleuchtung.

Auch deshalb nicht, weil jeder Meditierende über kurz oder lang auf diesen spirituellen Aspekt stößt und gleichzeitig wahrnimmt, dass das Erleben in dieser Hinsicht mehr etwas Dynamisches ist, bei dem – oftmals – ein Steinchen zum anderen kommt. Ein Ende scheint nicht in Sicht. Oder doch? Kann es tatsächlich einen Zustand geben, in dem verzückt gerufen wird »Jetzt hab ich's! Das ist die Erleuchtung!«, und dann ist Schluss mit der Sucherei? Oder gibt es, im Gegensatz dazu, eher viele kleine Momente, in denen eine Art Blitz-Erleuchtung geschieht (ähnlich den aus dem Buddhismus bekannten Satori), die dann jedoch wieder verschwinden und nicht als die eine, große Erleuchtung verbucht werden können? Und wie unterscheidet man das eine vom anderen? Es ist überaus verständlich, dass all diese Fragen auftauchen. Nur werden sie mit dem Intellekt nicht zu beantworten sein. Sowohl das Erleben der Meditation als auch die dabei auftretenden Effekte sind verbal kaum zu vermitteln. Man muss sie ganz einfach selbst erfahren.

Die Frage, ob ein Zustand permanenter Meditation möglich ist, kann dabei ganz klar mit Ja beantwortet werden (unabhängig von der Sache mit der Erleuchtung). Das ergibt sich schon daraus, dass das meditative Erleben immer seine Spuren im Alltagsgebaren hinterlässt. Auch das kann man selbst feststellen. Je öfter bewusstes Handeln, Sprechen, Denken, Essen usw. praktiziert werden, desto mehr wird die Bewusstheit zum eigenen Wesen. Selbst wenn man wollte, kann man oft gar nicht mehr anders, als bewusst zu leben. Das wirkt sich auch keineswegs störend auf alltägliche Verrichtungen aus, im Gegenteil. Etwas zu verrichten und genau das gleichzeitig bewusst wahrzunehmen – das widerspricht einander in keiner Weise. Entfernt vergleichbar ist das mit dem Flow, der einen auch ohne jede Meditationspraxis bei der Vertiefung in Tätigkeiten überkommen kann. Es tut der Sache keinen Abbruch, dabei selbst zu »verschwinden«; es intensiviert sie sogar. Der Unterschied zur Meditation besteht allerdings darin, dass der Flow ein plötzlich auftretender Bewusstseinszustand ist und das Meditieren zusätzlich zu einem Zustand auch das Trainieren des Bewusstseins meint.

Das Eintreten eines Flows ist nach derzeitigem Wissensstand nicht gewollt herbeizuführen, die Meditation sehr wohl. Aus diesem Grund ist es auch möglich, den meditativen Zustand permanent beizubehalten. Wie viel Übung über welchen Zeitraum hinweg das benötigt, ist allerdings nicht in Art einer Wetterprognose vorherzusagen. Es gibt Menschen, bei denen sich die verschiedenen Aspekte des Meditierens sehr leicht und rasch auch im Alltag etablieren, bei anderen dauert es länger. Das hat mit der Vorgeschichte, dem Wesen, dem Vertrauen ins Praktizieren und einigen anderen Dingen mehr zu tun. Zu alledem ist es nicht ratsam, aus dem Praktizieren eine Disziplin zu machen, an deren Ende unbedingt dieses oder jenes Ergebnis zu stehen hätte. Damit würde man sich selbst ein Bein stellen, denn um Leistungsdruck geht es beim Meditieren eben nicht.

Folgen und Vorteile der Meditation

Seit dem 20. Jahrhundert wird die Meditation samt ihren Folgen auf Körper und Geist wissenschaftlich erforscht. Seit den 1970er Jahren wurden allein in Englisch mehr als tausend Studien veröffentlicht, die sich mit den Auswirkungen der Meditationspraxis beschäftigen. Damit gibt es etliche Belege für die vorteilhaften Folgen des Meditierens – und das in vielerlei Hinsicht. Es ist nicht übertrieben, zu behaupten, dass es kaum einen Bereich des menschlichen Daseins gibt, auf den sich das Meditieren nicht positiv auswirkt.

Gesundheit

Die Ergebnisse Hunderter von Studien zeigen klar, dass regelmäßiges Meditieren eine äußerst positive gesundheitliche Auswirkung hat. Dies wurde auch im Vergleich zu nicht meditierenden Menschen belegt. Schon während der Meditation verringert sich die Herzfrequenz. Bei Personen mit einem leicht erhöhten Blutdruck wurde festgestellt, dass er nach dem Meditieren und bei dauerndem Praktizieren niedriger ist. Sogar der Cholesterinspiegel liegt bei Praktizierenden in einem gesünderen Bereich als bei anderen Personen. Meditierende atmen langsamer und tiefer, wodurch weniger Sauerstoff und Energie benötigt wird. Zudem trägt tiefes Atmen zur Muskelentspannung bei, die sowohl körperlich vorteilhaft ist als auch psychische Ruhe und Entspan-nung mit sich bringt. Es ist längst bekannt, dass sich körperliche und psychologische Faktoren aufeinander auswirken. Besonders Stress und der Umgang damit spielen eine große Rolle bei der Reaktion auf Krankheitserreger.

Bei Meditierenden wurde eine erhöhte Stressresistenz festgestellt, was sich unmittelbar positiv gesundheitlich auswirkt. Wer gestresst ist, wird viel leichter krank – wer in sich ruht, hilft auch seinem Immunsystem auf die Sprünge. Sogar das Schmerzempfinden ist bei meditierenden Menschen nachweislich geringer. Schon diese nachgewiesenen Punkte verdeutlichen die gesundheit-lichen Vorteile des Meditierens. Dazu kommen weitere Aspekte, die sich aus der erhöhten Achtsamkeit ergeben. Wer konzentriert isst, wird kaum riesige Mengen verschlingen. Gleichzeitig wird er Wert auf die Qualität seiner Ernährung legen. Beides führt automatisch zu einem besseren Gesundheitszustand – schädliches Übergewicht dürfte bei Meditierenden mehr die Ausnahme als die Regel sein. Auch Suchtverhalten oder die Neigung dazu sind mit einer dauerhaft achtsamen Lebensweise kaum vereinbar. Die Meditation kann auf völlig natürliche Weise helfen, solche Tendenzen zu regulieren und wirkt unterstützend auf eine therapeutische Behandlung.

Innerer Friede

Wer bislang hektisch, unzufrieden und gestresst durch das Leben stürmte, der wird durch das Meditieren schon bald eine grundlegende Wandlung hin zum Positiven spüren. Das liegt an vielen einzelnen Details der Meditation, die in ihrer Gesamtheit zu immer tieferem inneren Frieden führen, je länger praktiziert wird – sowohl auf einzelne Sitzungen bezogen als auch auf die gesamte Zeitstrecke des Praktizierens. Die meisten Menschen sind mit den Umständen ihres Lebens und der Welt nicht einverstanden. Das muss sich nicht generell in einer äußeren Protesthaltung zeigen. Oft ist die permanente Unzufriedenheit ein stiller, aber dauerhafter Begleiter – der trotzdem oder dann erst recht an der Lebensfreude nagt. Dieses negative Grundgefühl wirkt sich physisch und psychisch aus, was wiederum neuen Unfrieden generiert. Wer nicht mit sich und der Welt in Frieden ist, setzt einen Teufelskreis in Gang, der sich selbst aufrecht erhält und füttert. Mit dem Meditieren wird dieser Teufelskreis durchbrochen und aufgelöst. Vor allem durch das Akzeptieren des Augenblicks wird eine neue Grundhaltung eingenommen, die gar nichts anderes als friedlich sein kann. Erst durch diese Grundhaltung sind Veränderungen möglich und diese Grundhaltung ist es auch, die inneren Frieden auslöst.

Ausgeglichenheit und Balance

Wer kennt es nicht? Zu viel, zu wenig, zu hoch, zu tief, zu nah, zu fern … – Es ist alles andere als einfach, im 21. Jahrhundert eine ausgeglichene Lebensweise zu führen. Das beginnt bei den beruflichen Anforderungen, geht über das Privatleben und hört beim Umgang mit Nachrichten, den gesellschaftlichen und politischen Turbulenzen und der Digitalisierung noch lange nicht auf. Von allen Seiten werden Anforderungen gestellt, Informationen geboten und Diskussionen geführt. Genau betrachtet kann man sagen, dass das 21. Jahrhundert das Jahrhundert der Reizüberflutung ist. Dafür ist der Mensch nicht geschaffen. Trotzdem muss er sich damit auseinandersetzen, wie er inmitten dieser Anforderungen und Erwartungen das Leben führen kann, das sich auch wie *sein* Leben anfühlt. Dazu muss er sich enorm oft entscheiden – für oder gegen die neueste Technik, ein politisches Engagement, eine neue Verpflichtung, das Übernehmen einer Aufgabe, den nächsten Karriereschritt, manchmal auch für oder gegen einen Kontakt oder eine Beziehung und damit gleich noch für oder gegen Kinder. Und noch sehr vieles mehr! Es ist kein Wunder, wenn man dabei nicht nur die innere, sondern auch die äußere Balance verliert. Oft geht damit sogar der Verlust für das eigene Gespür verloren, wie viel man sich zumuten kann und möchte – beziehungsweise man denkt nicht einmal mehr daran, dass man eine Wahl hat.

Meditation hilft dabei, zurück zur Ausgeglichenheit und inneren Balance zu kommen (oftmals auch dabei, sie erstmals zu erleben). Das wirkt sich automatisch im sogenannten Außen aus. Es ist gut möglich, dass Du erst durch das Sitzen bemerkst, was Dir gefehlt hat. Nämlich der Gegenpol zur Anspannung – die Entspannung. Der Gegenpol zum Komplexen – die Einfachheit. Der Gegenpol zum Schnellen – das Langsame. Und noch einiges mehr, das möglicherweise aus den Fugen geraten ist. In der Zeit und Aufmerksamkeit, die Du Dir selbst beziehungsweise de(ine)m Sein gönnst, taucht das Gespür für das richtige Maß nahezu zwangsläufig auf.

Und merkwürdigerweise lässt sich das sehr wohl und sehr gut in den Alltag integrieren. Wenn Du in Deiner Balance bist, brauchst Du über manche Anforderungen, Fragen und Aufgaben nicht mehr lange nachzugrübeln. Dann entscheidest Du instinktiv, was »passt« oder was zu viel oder zu wenig wäre, zu anstrengend oder unterfordernd, was sich harmonisch in Dein Leben einfügt und was nicht. Je mehr Du Dich in dieser Ausgeglichenheit stabilisierst, desto leichter und selbstverständlicher werden Deine Reaktionen und Aktivitäten und desto leichter triffst Du die richtigen Entscheidungen.

Die Ergebnisse und Folgen werden zusätzlich bestätigen, dass alles immer besser passt – nicht nur für Dich, sondern auch für Dein Umfeld und alles, womit Du zu tun hast. Balance und Ausgeglichenheit sind in diesem Sinn Synonyme für Harmonie, und Harmonie ist das natürliche Wesen des Daseins.

Ruhe

Es bräuchte eigentlich nicht mehr separat erwähnt zu werden, dass Ruhe eine natürliche Folge der Meditation ist. Trotzdem ist es erwähnenswert, denn Unruhe, Hektik und innerer wie äußerer Lärm sind typische Erscheinungen dieses Jahrhunderts. Leider machen sie nicht selten krank, psychisch wie physisch. Deshalb stellt sich für viele Menschen die Frage, wie sie dieser Unruhe begegnen können, um sie nicht als permanente Belastung zu erleben. Denn Unruhe ist tatsächlich ein permanenter Störfaktor, ob außen oder innen (wobei, wie bereits erwähnt, beides nicht wirklich voneinander getrennt ist). Aufs Land ziehen? Möglich, dass sich der Lärm dadurch reduziert, doch ist es eine Lösung, sich den Anforderungen zu entziehen? Manchmal kann das richtig sein, manchmal nicht. Oft ist es gar nicht möglich. Dann muss die Sache anders angegangen werden. Zum Beispiel dadurch, dass man erst einmal innere Ruhe schafft. Irgendwo muss man ja anfangen, wenn man etwas verändern möchte und am besten funktioniert das noch immer bei sich selbst. Der Rest folgt meist als logische Abfolge nach. So ist es auch mit der Ruhe. Mit Meditation findest du zur Gedankenruhe. Die Gedanken sind es nämlich, die den meisten Lärm verursachen. Auch der Gedanke, dass gerade dieser verhasste Rasenmäher wieder angeht. Doch ist es nicht gerade dieser Abwehrgedanke, der den größten Lärm auslöst? Was wärst Du ohne diesen Gedanken? Und wie störend wäre der Rasenmäher dann noch? Ausprobieren! Der Geist beruhigt sich, sobald er nicht mehr an seinen Abwehrmechanismen klammert, die den Rasenmäher gerade am liebsten kurz und klein schlagen würden, damit endlich Ruhe herrscht. Ohnehin würde kurz danach der Laubbläser aufheulen ...

Selbstvertrauen

Alles hier Beschriebene greift ineinander und unter dem Strich geht es beim Meditieren um eine Harmonie, die eigentlich schon vorhanden ist, nur wieder neu entdeckt und gelebt werden möchte. Sie ist verborgen unter einer Schicht von Elementen, die sich im Lauf der Zeit gestapelt haben. Darunter liegt oft auch das Selbstvertrauen. Das Selbstvertrauen, also das Vertrauen in Dein eigenes Wesen, wächst in dem Maß, in dem Du spürst, dass Du auf dem Dir gemäßen Weg bist. Das richtig verstandene Selbstvertrauen gründet sich schließlich nicht auf bestimmten rekordverdächtigen Eigenschaften, Heldentaten oder einem umwerfenden äußeren Erscheinungsbild. Selbstvertrauen begründet sich darauf, dass Du mit Dir und dem Dasein im Reinen bist und genau das auch lebst. Mit dem Meditieren gelangst Du auf natürliche Weise zu diesem Eigenen, Echten und Authentischen. In dem Maß, in dem Du Deine Handlungen und Entscheidungen, Deine Kommunikation und Deinen Alltag auf diesen Qualitäten begründest, verschwinden bisheriges Zaudern und Zagen und werden durch Selbstvertrauen ersetzt.

Bewussteres Leben

Egal, wie man es dreht und wendet: Meditation führt in allen Belangen und Bereichen des Daseins zu einem bewussteren Leben. Wer noch nie meditiert hat, für den mag das vielleicht langweilig und nach Öko, Aussteigern oder Hippies klingen, doch das interessiert das bewusste Leben nicht und schmälert auch nicht seine Vorteile oder seine Natürlichkeit. Es ist nämlich nicht natürlich, über die Maße zu essen, sich drei Stunden täglich aufzuregen und noch länger über Problemen zu grübeln – und dabei völlig zu übersehen, wo man gerade ist und dass im Moment ein wundervoller Sonnenuntergang präsentiert wird. Die schäd-lichen Verhaltensweisen sind angelernt, es sind Gewohnheiten und Reaktionen auf den heutigen komplexen Lebensstil. Deshalb hatten es die Menschen vor Tausenden von Jahren auch ein gehöriges Stück leichter, Zugang zur Meditation zu finden. Die Entfremdung war damals noch nicht so groß wie heute. Umso hilfreicher ist es gerade unter den jetzigen Umständen, sich mit Meditation zu befassen. Viele Techniken wurden modernisiert und an die heutigen Lebensumstände angepasst. Es gibt für jeden einen Zugang, mit dem er sich wohlfühlt. Und jede Technik wird auf ihre Weise dazu führen, dass das Leben (wieder) bewusst gelebt und genossen wird.

Weisheit

Weisheit ist ein wunderbarer Nebeneffekt, der sich mit regelmäßigem Meditieren einstellt. Weisheit kann man nicht erlernen wie die Bedienung eines PC-Programms oder das Schrauben an einem Auto. Und man kann sie nicht messen wie den Intelligenzquotienten, mit dem sie ohnehin nichts zu tun hat. Weisheit ist die Folge vieler, oft vieler kleiner Erkenntnisse und Erfahrungen, Erfolge und Misserfolge und sie ist ganz besonders das Ergebnis einer wachen Präsenz. Sie entsteht unter anderem dadurch, dass man sich einlässt, auch auf Neues einlässt und es reflektiert. Weisheit entwickelt sich durch das Leben, und zwar durch bewusstes Leben im Gegensatz zum unbewussten Existieren, bei dem oft nicht einmal bemerkt wird, dass man anwesend ist. Die wirklich treffende Definition der Weisheit ist schwer zu finden, zumal sie von verschiedenen Menschen unterschiedlich ausgelegt wird. Außerdem ist sie keine feste Größe, die einmal erlangt ist und sich fortan nicht mehr ändert. Weisheit ist immer in Entwicklung und insofern ein Prozess. Meint man im einen Moment, eine bestimmte Etappe der Weisheit erklommen zu haben, so kann sich das im nächsten Augenblick durch eine neue Erkenntnis bereits wieder relativieren. Fest steht jedoch, dass Meditation eine Unterstützung beim Erlangen von Weisheit ist. Einer Weisheit, die man selbst oft gar nicht als solche bezeichnen würde, weil man sie schlichtweg als natürlich empfindet.

Ein paar Worte zum Schluss

In den vorhergehenden Zeilen wurde hoffentlich klar, dass es eine ganze Menge guter Gründe gibt, das Meditieren auszuprobieren – ganz egal, ob Dich innere Unruhe, Erschöpfung, ein Gefühl der Sinnlosigkeit, körperliche Beschwerden oder eine Mischung verschiedener Ursachen auf diese Idee gebracht haben. Vielleicht bist Du auch nur neugierig und möchtest erfahren, was es mit dieser uralten Technik auf sich hat und wie es sich anfühlt, sie in der heutigen Zeit anzuwenden. So vielfältig die Gründe für das Meditieren sein können, so umfangreich sind auch die Möglichkeiten, die die Meditation bietet. Ihr Wesen besteht nicht in der Absicht, etwas an Dir zu verbessern, denn das würde heißen, dass etwas mit Dir nicht stimmt, so wie es ist. Dem ist nicht der Fall.

Die meisten Beschwerden und Faktoren, die einem das Leben schwer machen, bestehen nicht aus eigenen Fehlern, Unzulänglichkeiten oder Defiziten, sondern in der Art und Weise des Umgangs mit Ereignissen und insbesondere mit den eigenen Gedanken und den daraus resultierenden Gefühlen. Denn immer ist zuerst der Gedanke da, dem das Gefühl auf dem Fuße folgt. Oft kann beides in der Flut der Ereignisse gar nicht mehr richtig auseinandergehalten werden. Letztlich schwirrt eine Ansammlung irritierender Elemente durch Körper und Geist – und ständig kommt Neues hinzu, das ebenfalls um Aufmerksamkeit buhlt. Dieser Ansturm wirkt nicht nur verwirrend, sondern auf Dauer schlichtweg überfordernd und belastend.

Wir bekommen in der Schule zwar vieles über Mathematik, Geografie und Sprachen vermittelt, jedoch nicht, wie man mit den Anforderungen des heutigen Lebens umgeht, ohne dabei auszubrennen und krank zu werden. Es gibt kein Fach, das sich Lebenskunst nennt. Würde es angeboten, so stünde die Meditation mit Sicherheit ganz oben auf dem Lehrplan.

Vielleicht wird sich das eines Tages ändern, doch im Moment ist jeder selbst gefordert, sich einen heilsamen und wohltuenden Weg zu suchen, um im Dickicht der Ereignisse und Anforderungen trotzdem ein Leben zu führen, das diesen Begriff wirklich verdient – ein lebendiges, erfülltes, reiches Leben. Ein Leben, in dem nicht Stress und Hetze, Befürchtungen und Ängste sowie allerlei neurotische Erscheinungen die Lebensfreude verdunkeln oder ausschalten, sodass es nur noch als Belastung empfunden wird. Nicht falsch verstehen: Natürlich kann die Meditation keine belastenden Situationen, Schmerzen oder Unglücksfälle verhin-dern. Das will sie auch gar nicht, denn diese Ereignisse gehören zum Dasein und es ist nicht Sinn und Zweck der Übung, sie zu verleugnen oder zu verdrängen. Man kann jedoch den Umgang damit ändern.

Wer eine Panne dutzendfach im Geiste wiederkäut und das Tag für Tag wiederholt, der macht aus einem einst wenig spektakulären Ereignis eine Katastrophe, die sich gewaschen hat. Das muss erst einmal verdaut werden! Leider kommt man dazu kaum, denn schon stehen die nächsten Missgeschicke und Sorgen parat, die ausgiebigst gedreht und gewendet werden müssen, bis sie endlich den respekteinflößenden, dramatischen Umfang erreicht haben, der einem den Schlaf raubt. Der Geist erledigt all das in Eigenregie – sein Besitzer bekommt davon selten etwas mit und wundert sich allenfalls, weshalb er sich so schlecht fühlt. Tatsächlich sind die Ereignisse längst vorbei oder noch gar nicht eingetreten (zudem ist es fraglich, ob das je der Fall sein wird) und von effektiven Lösungen ist man weit entfernt. Doch das ausdauernde Kauen auf negativen Erscheinungen scheint eine besondere Spezialität des unerzogenen Geistes zu sein. Und ist es auch. So lange, bis man sich seiner freundlich annimmt. Es ist bereits ein großer Schritt zu erkennen, dass die Ursache des Leidens im eigenen Umgang mit Ereignissen liegt. Dazu gehört nicht nur das sinnlose Hin- und Herschwenken des immer selben Gedankens, sondern auch eine bunte Palette an Bewertungen, blinden Flecken und unwirksamen Methoden des Zeterns und Kämpfens.

Auch wenn diese Gewohnheiten nicht zum Erfolg führen, werden sie doch wieder und wieder eingesetzt – natürlich unbewusst – und die Verwunderung ist groß, wenn nach der mehrfach bewiesenen Wirkungslosigkeit dieser Methoden auch beim hundertsten Versuch noch immer kein positiver Effekt auftritt. All das muss nicht so bleiben und ist alles andere als ein Naturgesetz. Mithilfe der Meditation kannst Du bedeutsame, positive Veränderungen erreichen, die sich in natürlichem Tempo entfalten und Deine Lebensqualität elementar verbessern. Schon die Erkenntnis, dass nichts anderes real ist als der gegenwärtige Augenblick, öffnet und erweitert die Wahrnehmung für die faszinierenden Dinge, die tatsächlich in diesem Moment geschehen. Sobald Du nicht mehr permanent hinter Dir selbst her bist, indem Du mit Bewertungen Deine Person betreffend nicht sparst, Dich kritisierst, nieder-machst, immer mehr von Dir erwartest oder anderer Leute Erwartungen zu erfüllen versuchst, sobald Du mit diesen Dingen aufhörst, bist Du in der Lage, freundschaftlich und mitfühlend mit Dir umzugehen.

Ganz automatisch überträgt sich das auf Deine Kontakte zu anderen Menschen und Geschöpfen. Selbstliebe ist die Voraussetzung dafür, auch für andere Wesen Liebe zu fühlen. Und Selbstakzeptanz ist die Voraussetzung, auch andere so sein zu lassen, wie sie sind. Das ermöglicht eine ganz neue Art der Kommunikation – eine wohltuende und offene Art der Kommuni-kation. Dazu brauchst Du nicht anderen etwas beizubringen. Es genügt, wenn Du selbst im Reinen mit Dir bist – es wird auf wohltuende Weise ausstrahlen.

Die entspannte Grundhaltung, die Du durch das Meditieren erlangst, ist nicht nur förderlich für Deine jetzige Gesundheit – sie wirkt auch heilend auf bisherige Beschwerden und auf das Unwohlsein, das sich durch den bislang angesammelten Stress entwickelt hat. Durch Dein bewusstes Umgehen mit Ereignissen und Gedanken schaffst Du keine neuen Müllhalden mehr, in denen das Atmen schwer fällt und keine kreative Idee Fuß fassen kann. Durch Deine bewusste Haltung hältst Du den inneren Raum frei.

Dieser Freiraum ist der beste Nährboden für Kreativität, effektiven Umgang mit Herausforderungen und er ist gleichzeitig die Quelle elementarer Lebensfreude. Das innere Entrümpeln und das künftige Freihalten des inneren Raums hat einen viel größeren Effekt, als man sich vorstellen kann, wenn man noch nie meditiert hat. Man muss es wirklich selbst erleben, denn es ist nicht wirklich mit Worten zu beschreiben. Auch die spirituelle Dimension, die sich beim Meditieren entfalten kann – oft völlig unbeabsichtigt oder ganz anders als gedacht – kann verbal nicht wirklich vermittelt werden.

Hast Du noch Fragen?

Vielleicht suchst Du noch immer nach einer exakten Definition, was Meditation denn nun wirklich ist?

– In einem Satz gesagt bedeutet die Meditation den Wechsel vom Handeln zum Sein, wobei das Handeln dadurch nicht blockiert wird. In gewisser Weise ein Paradoxon, doch man muss es selbst erfahren, um es zu »verstehen«. Vielleicht bist Du nicht mehr ganz jung und fragst Dich, ob es sich »lohnt«, jetzt noch damit anzufangen?

–Die Antwort lautet eindeutig: Ja. Meditation kennt keine Altersbeschränkung und ist in jedem Lebensabschnitt eine wohltuende Bereicherung. Vielleicht fragst Du Dich, ob das Meditieren Dich zu sehr ablenkt, etwa in beruflicher Hinsicht?

– Die Meditation macht nichts mit Dir, was Du nicht möchtest. Sie wird allerdings auch in beruflicher Hinsicht von Vorteil sein – egal, ob Du selbstständig, in angestellter Position oder in Führungsfunktion tätig bist. Sowohl Dein Umgang mit Kollegen und Vorgesetzten als auch mit Geschäftspartnern wird davon profitieren. Vielleicht fragst Du Dich, ob Dich die Meditation der Erleuchtung näherbringt?

– Die Meditation ist kein Highway zur Erleuchtung. Der Wunsch nach Erleuchtung ist ein Wunsch des Egos, das sich davon Vorteile verspricht. Meditation ist jedoch absichtslos und verspricht keine Zugewinne in Form höherer Geltung oder anderer Wünsche des Egos. Lässt Du Dich auf diese Absichtslosigkeit ein, sind spirituelle Einsichten allerdings nicht ausgeschlossen, sondern können ganz natürlich auftauchen. Vielleicht hast Du schon versucht, zu meditieren und wurdest dabei ängstlich und fragst Dich, ob Du es nicht besser lassen solltest?

– Kein Grund zur Sorge. Die Meditation spiegelt nur die Gefühle wider, die sich ohnehin in Deinem Geist tummeln. Die

Konzentration auf ein Mantra kann helfen, unangenehme Erscheinungen zunächst zu »überbrücken«. Später, wenn Du mit dem Meditieren vertraut bist, kannst Du Dich eingehender mit den Erscheinungen befassen. Vielleicht findest Du die Meditation theoretisch ganz toll, möchtest aber nicht lange üben, bis endlich etwas passiert?

– Es gibt keine Zeitfenster, in denen sich Meditation voraussichtlich auswirken wird. Das ist individuell unterschiedlich. Was jedoch feststeht: Je mehr Du Dich darauf einlässt, desto zügiger wirst Du auch von den Vorteilen des Meditierens profitieren. Das kann schon nach der ersten Sitzung geschehen, allerdings auch ein paar Wochen oder gar Monate dauern. Nicht ungeduldig sein! Vielleicht hältst Du das Meditieren in Deinem Fall für ungeeignet, weil Du ständig dabei einschläfst?

In diesem Fall ist es wohl weniger ratsam, die Meditation in die Abendstunden zu legen. Meditiere, wenn Du nicht ohnehin schon müde bist! Außerdem verzichtest Du besser auf die Meditation bei geschlossenen oder halb geschlossenen Augen, sondern hältst sie lieber offen. Ebenso kannst Du es zunächst mit der Geh-Meditation oder einer anderen aktiven Technik versuchen, bei der Du (hoffentlich) nicht auch einschläfst. Es kann gut sein, dass noch weitere Fragen zum Meditieren bei Dir auftauchen. Doch generell ist es ratsam, es einfach einmal zu versuchen und Dich vorab nicht ausschließlich in theoretische Abhandlungen zu vertiefen. Du kannst nichts falsch machen! Setze Deine Erwartungen nicht zu hoch an und lasse Dich ganz einfach auf das ein, was geschieht. Viel Vergnügen!

Impressum

1. Auflage.

Alle Inhalte dieses Ratgebers wurden nach bestem Wissen und Gewissen verfasst und nachgeforscht. Allerdings kann keine Gewähr für die Ausführlichkeit und Vollständigkeit der enthaltenen Informationen gegeben werden. Der Herausgeber haftet für keine nachteiligen Auswirkungen, die in einem direkten oder indirekten Zusammenhang mit den Informationen dieses Ratgebers stehen.

Covergestaltung: www.fiverr.com

Coverfoto: Shutterstock.com

Kontakt: Michael Pichler

3910 Neuer Markt 1

E-Mail: michaelpichler92@gmx.net

Printed in Poland
by Amazon Fulfillment
Poland Sp. z o.o., Wrocław

73821614R00040